Phelps/Hösel/Weiß

FAHRTECHNIK
MOUNTAINBIKE

Nathalie Phelps
Marco Hösel
Christof Weiß

Fotos:
Herman Seidl

FAHRTECHNIK MOUNTAINBIKE

BIKE
spezial

INHALTSVERZEICHNIS

BEWEGUNGS
IN FREIER

Mountainbiken ist zur Trendsportart geworden. Viele Menschen wollen hinaus in die Natur, um der Hektik und dem Alltagsstress zu entfliehen. Andere haben im Rahmen der Gesunderhaltung das Mountainbike für sich entdeckt und benutzen es als Outdoor-Trainingsgerät. Einmalige Touren in einer fas-

zinierenden Bergwelt oder auf einer südlichen Insel machen das Mountainbiken zu einem unvergleichbaren Erlebnis. Doch das Mountainbike verspricht noch viel mehr. In den letzten Jahren haben die Veranstaltungen für ambitionierte Freizeitbiker einen unglaublichen Aufschwung erlebt. Das Spiel mit dem Bike, hohe Ge-

schwindigkeiten und die Anforderungen an die Geschicklichkeit sowie die Kondition faszinieren immer mehr Freizeitsportler.
Die Freude an der Sportart und die Motivation sind jedoch abhängig von dem Erreichen der persönlich gesetzten Ziele. Der Spaß am Mountainbiken erhöht sich mit zunehmender Beherrschung des Materials.

ERLEBNIS
NATUR

Beim Mountainbiken ist daher die **Verbesserung der Fahrtechnik** von großer Wichtigkeit. Sie gibt Sicherheit und der Fahrstil wird ökonomischer.

Mit zunehmender Übung und Trainingshäufigkeit wachsen Spaß und Sicherheit im Gelände. Neue Herausforderungen bis hin zu technisch schwierigsten Ausfahrten stehen auf dem Programm.

Trial steht auf der technisch höchsten Stufe und bedeutet Nervenkitzel, höchste Reaktions- und Konzentrationsfähigkeit, das Spiel mit der Balance und das Ausreizen der eigenen koordinativen Fähigkeiten.

Leider wird die Fahrtechnik von den meisten Bikern schändlich vernachlässigt.

Eine gute Technik ist besonders für den Fortgeschrittenen von größter Wichtigkeit. Um bei der Herausforderung Trial zu bestehen, nimmt das Techniktraining einen fixen Bestandteil im Trainingsplan eines jeden Fahrers ein. Besonders das Üben in der Gruppe motiviert, an seine Grenzen zu gehen. Den Ideen sind beim Trial nahezu keine Grenzen gesetzt. Wie jedes andere Training muss das Techniktraining auf das jeweilige Können abgestimmt sein. Es sollte im Schwierigkeitsgrad langsam vom Einfachen zum Komplexeren gesteigert werden. Dieses Buch gibt wichtige Anregungen und Tipps vom erfolgreichen Einstieg in das Mountainbiken bis hin zur hohen Technik des Trials.

Und nun rauf aufs Bike!

MATERIAL UND
FÜR DEN

EUROPEAN BIKE Academy

SICHERHEIT
EINSTIEG

Mountainbiken bietet neben dem Naturerlebnis auch den Einblick in eine rasante Entwicklung der Zweiradtechnik.

Die immer hochwertigeren Materialien und Herstellungstechniken bieten Bikes für jeden Einsatzbereich. Die optimale Abstimmug von Bike über die Bekleidung bis hin zur Einstellung von Pedalen und Schuhen spielt bereits beim Anfänger eine große Rolle.

Den Einstieg in diese faszinierende Welt der Technik ermöglicht das folgende Kapitel.

MATERIAL-
KUNDE

egal wie teuer und edel die übrigen Komponenten auch sein mögen. Eine Beratung im Fachgeschäft ist in jedem Fall zu empfehlen.

Es gibt unterschiedliche Rahmenmaterialien wie z.B. Stahl, Aluminium, Karbon und Titan, die das Fahrgefühl erheblich beeinflussen.

Es gibt zwei verschiedene Rahmensysteme:

→ **das Hardtail mit Federgabel und**
→ **das Full-Suspension.**

Bikerahmen

Der Rahmen ist das Herz des Mountainbikes. Je leichter er ist, desto besser ist das Fahrgefühl. Stabilität und Leichtigkeit sollen sich jedoch die Waage halten. Er muss unbedingt passen, anderenfalls ist das ganze Bike nichts wert,

Federgabeln

Ein Mountainbike ohne Federgabel ist heutzutage fast undenkbar. Das Bike passt sich durch die Federgabel auch bei höheren Geschwindigkeiten dem Untergrund an.
Die Vorteile liegen deutlich auf der Hand:

→ Gelenke, Arme und Hände werden geschont, das Durchschlagen der Reifen auf die Felge und daraus resultierende Reifendefekte werden minimiert.
→ Der Fahrer ermüdet nicht so schnell, die Sicherheit wird erhöht.

Full-suspension-Bikes

Die Palette der vollgefederten Bikes wird immer größer. Die fortgeschrittene Technik mit ihrer Gewichtsersparnis erlaubt auch den Einsatz dieser Räder im Cross-Country-Bereich. Die einstellbaren Federelemente können bei guten Systemen bei der Bergauffahrt bezüglich der Energieersparnis ausgeschaltet werden.
Moderne, hochleistungsfähige Federgabeln bieten im Gelände bestmögliche Dämpfung und sorgen für ein sicheres Fahrverhalten.

WICHTIGE KOMPONENTEN AM BIKE

Die richtige Abstimmung des Bikes sorgt für sicheres Fahrverhalten und größtmöglichen Spaß im Gelände.

Die Laufräder zählen zu den wichtigsten Bestandteilen und prägen die spezielle Charakteristik des Bikes. Sie bestehen aus Nabe, Speichen und Felge.

Die Dimension der Mountainbikereifen liegt zwischen 1,5 und 2,5 Zoll. Je nach Terrain wählt man das Profil aus: Je gröber das Gelände, desto grobstolliger fällt der Reifen aus.

Auf Asphalt ist man am besten mit einem **Slick** unterwegs. Er hat einen geringen Rollwiderstand und haftet sehr gut am Boden.

Semislicks sind Allroundreifen, die sowohl auf der Straße als auch im Gelände gefahren werden können. Sie sind jedoch nicht sehr optimal, bilden aber einen Kompromiss. Richtige Mountainbikereifen haben ein **grobstolliges Pro-**

fil, welches sehr unterschiedlich aussehen kann. Auf Gras, Sand, Erde und in matschigem Gelände hat man eine optimale Traktion, nur auf Asphalt rollen sie unruhig und laut.

Beim Kauf eines Ersatzschlauchs sollte man darauf achten, dass es zwei Ventilgrößen gibt. Das dickere Schrader- oder Autoventil und das dünnere Presta- oder Sclaverandventil müssen die für die Felge entsprechende Größe und Länge haben.

Pedale

Klickpedale haben sich auch bei Freizeitfahrern durchgesetzt. Die feste Verbindung von Schuh und Pedal bringt eine wesentlich höhere Kraftübertragung mit sich. In der Schuhsohle befindet sich eine Platte, die bei Druck auf das

Pedal einrastet; durch Drehen des Fußes entrastet sie.

Kurbellänge

Es gibt sechs handelsübliche Kurbellängen: 167,5 mm, 170 mm, 172,5 mm, 175 mm, 177,5 mm, 180 mm. Deren Wahl hängt von der Körpergröße ab.

Lenker-Vorbau

Es gibt zwei unterschiedlich geformte Lenker: Der **Cross-Country-Lenker** ist gerade und hat Lenkerhörner; der **Downhill Lenker** hingegen ist geschwungen. Der Lenker sollte etwa schulterbreit sein und die Griffe nicht zu schwammig.

Durch die Vorbaulänge kann das Bike den individuellen Körpermaßen noch genauer angepasst werden. Die optimale Abstimmung des Bikes auf die Körpermaße ist ein wichtiger Aspekt vor der ersten Ausfahrt. Mit zunehmender Fahrsicherheit ist eine exakte Abstimmung auch vom Schwierigkeitsgrad des Geländes abhängig.

Sattel

Das leidige Thema »Sitzbeschwerden« ist besonders für Frauen ein Problem. Ein guter Sattel, der am besten aus Leder, weder zu weich noch zu hart und mit einer weichen Geleinlage an der »kritischen« Stelle ausgestattet ist, kann den häufigen Problemen etwas vorbeugen.

Im Laufe der Karriere wird die Sattelposition häufig überprüft. Nur bei einer korrekten Einstellung fühlt man sich bei der Fahrt durchs Gelände wohl.

SITZPOSITION

Durch die falsche Sitzposition kann es sowohl zu Ermüdungserscheinungen als auch zu Schmerzen im Bereich der Arme, des Schultergürtels, des Rückens und der Hände kommen. Daher ist es wichtig, das Bike optimal an den Körper anzupassen. Die Ermittlung der richtigen Sitzposition sollte in einem Fachgeschäft oder bei einem sportmedizinischen Test erfolgen.

Mit einer etwas aufrechteren Sitzposition fällt der Einstieg auf dem Mountainbike leichter. Das Wohlfühlen auf dem Rad steht an oberster Stelle. Der Oberkörper kann sich auf diese Weise langsam und schonend an die Haltung gewöhnen. Je häufiger man nun das Bike bewegt, desto rascher kann die Sitzposition auch über längere Zeiträume eingehalten werden.

7

AUSRÜSTUNG

Fahrvergnügen und Sicherheit werden beim Mountainbiken durch funktionelle Bekleidung, Helm, Schuhe, Handschuhe und Brille gewährleistet. Das bei nahezu jedem Wetter und in jeder Situation. Das Training kann mit der richtigen Bekleidung dadurch immer durchgeführt werden.

Das sog. »Zwiebelschalenprinzip« schützt die Gesundheit.

Die Bekleidung wird dabei in unterschiedlichen Schichten angelegt, die je nach Temperatur und Witterungsverhältnissen ausgezogen werden kann.

Für ein richtiges Bike-
erlebnis muss die Ausrü-
stung stimmen. Die Sicherheit
und Gesundheit sind dadurch
gewährleistet und verspre-
chen noch mehr Spaß am Biken.

Bekleidung

Die Frage nach der richtigen
Bekleidung ist im Wesentlichen
eine Frage der Funktionalität.
Moderne Bike-Wear ist tech-
nisch-funktionell, wind- und
wasserabweisend, schützt
den Körper sogar bei Stürzen
und hält ihn warm.

Helm

Der Helm ist das wichtigste
Ausrüstungsstück, denn er
schützt den Kopf vor Verletzungen. Er hat in jedem Fall
den Normanforderungen wie
z.B. SNELL, ANSI oder TÜV-DIN
zu entsprechen.

Handschuhe

Handschuhe übernehmen ei-
nen weiteren wichtigen Si-
cherheitsfaktor. Sie saugen
Schweiß auf, sorgen für einen
guten Grip am Lenker und
schützen bei Stürzen die Hände.

Hose und Trikot

Die Hose ist auf jeden Fall mit
einem Sitzpolster ausgestattet und hat Träger. Auf Grund
von unangenehmer Reibung
sollte auf die Unterhose ver-
zichtet werden.
Das Trikot ist aus atmungsak-
tiven Fasern, die den Schweiß
sehr gut von der Haut weglei-
ten und nach außen transpor-
tieren.

Schuhe

Für die optimale Kraftübertragung ist es wichtig, dass die
Schuhsohle im Ballenbereich
sehr steif ist. Beim Biken in
matschigem Gelände ist es
von Vorteil, wenn die Sohle ein
gutes Profil aufweist, damit
man auch gut laufen kann,
falls man doch vom Bike absteigen muss.

Brillen

Gute Radbrillen bieten einen
hervorragenden Schutz vor In-
sekten, Staubpartikeln und
extremer Lichteinstrahlung.

VOR DER ERSTEN
IM

FAHRT
GELÄNDE

Bevor man sich das erste Mal so richtig ins Gelände begibt, ist es ratsam, noch einige Vorübungen zu absolvieren.

Sie machen den Fahrer mit der Technik vertraut und bringen die nötige Sicherheit für die erste Fahrt ins Gelände.

Hierzu werden entweder ein leerer Parkplatz oder eine andere große Fläche gewählt, auf der die nachfolgenden Übungen in Ruhe ausprobiert werden können. Man sollte sich für diese Übungen ausreichend Zeit nehmen und die einzelnen Schritte mehrfach wiederholen. Auch der Profi lernt nur auf diese Weise eine perfekte Technik und ist damit auf seine Herausforderungen vorbereitet.

Der Lernerfolg ist nach den ersten Übungen deutlich sichtbar und motiviert für die ersten Ausfahrten.

19

Häufige Probleme beim Einstieg:

→ Das Pedal ist für den Anfang zu hart eingestellt. Die Platte rastet nicht im Pedal ein.

→ Die leichte Drehung des Fußes von außen nach innen fehlt.

→ Die Schuhplatte wird nicht exakt auf das Pedal gesetzt und sie rastet nicht ein.

Problemlösung:

→ Pedalhärte nochmals leichter einstellen.

→ Bewusstes Eindrehen des Fußes von außen nach innen mit gleichzeitigem Druck auf das Pedal.

→ Exaktes und ruhiges Setzen des Schuhs auf das Pedal.

Werden zum ersten Mal Klickpedale ausprobiert, sollte das Ein- und Ausklicken am besten zuerst im Stand geübt werden. Die Pedale sind ganz leicht eingestellt. Man setzt sich aufs Rad und stützt sich zum Üben an einer Wand ab. Für diese Übung sollte man sich ausreichend Zeit nehmen und geduldig bleiben. Zuerst steigt man in das Pedalsystem mit einem Fuß. Der Druck auf den Vorderfuß wird erhöht und gleichzeitig wird der Fuß leicht von außen nach innen gedreht. Nun steigt man auch in das andere Pedal.

Der Ausstieg erfolgt ebenfalls zuerst mit einem Fuß. Der Fuß wird, ohne Zug auf das Pedal zu bringen, mit der Ferse nach außen gedreht (1). Die Pedalplatte rastet aus (2), das freie Bein geht zum Boden und wird zum Standbein (3). Dann steigt man aus dem anderen Pedal.

BEIM
SYSTEM

Zuerst übt man den Ein- und Ausstieg in das Pedal im Stand jeweils nur auf einer Seite. Durch leichte Drehung des Fußes beim Einstieg von außen nach innen und Druck auf das Pedal rastet der Schuh im Pedal ein. Der Fuß wird zum Ausstieg deutlich nach außen gedreht, ohne Zug auf das Pedal zu bringen.

Bei den ersten Ausfahrten ist vor allem auf eine lockere Einstellung der Pedale zu achten. Mit zunehmender Sicherheit kann vor dem Absteigen vom Bike auch mit beiden Füßen aus den Pedalen ausgestiegen werden.

Häufige Probleme beim Ausstieg:

➜ Der Zug auf das Pedal ist beim Ausstieg zu hoch. Das Pedal löst nicht aus.

➜ Die fehlende Drehung der Ferse nach außen blockiert die Öffnung des Pedals.

Problemlösung:

➜ Keinen Zug auf das Pedal bringen.

➜ Bewusstes Nach-außen-Drehen der Ferse beim Ausstieg.

Übungen:

➜ Trainiere das Gerade-ausfahren auf einem Parkplatz und steige nacheinander in die Pedale ein.

➜ Löse während des Fahrens beide Schuhe aus den Pedalen und steige wieder ein.

➜ Fahre aus dem Stand mit einem Schuh im Pedal an und steige während der Anfahrt in das zweite Pedal ein.

➜ Gehe beim Anhalten frühzeitig mit einem Schuh aus dem Pedal.

Häufige Probleme:

→ Es wird während des Schaltvorgangs nicht getreten. Die Kette springt nicht in die gewünschte Übersetzung.

→ Der Pedaldruck ist zu hoch, die Kette kann am vorderen Kettenblatt nicht auf ein anderes geworfen werden.

→ Das Schalten erfolgt nicht dosiert. Es werden zu große Übersetzungssprünge gemacht.

Problemlösung:

→ Kontinuierliches Treten beim Schalten.

→ Bewusste Verminderung des Pedaldrucks beim Schalten am vorderen Umwerfer.

→ Dosiert die Schalthebel bedienen.

Es sollte prinzipiell nur beim Treten geschaltet werden, jedoch nie unter Volllast. Nur auf diese Weise erfolgt ein problemloser Schaltvorgang. Der Blick während des Schaltvorgangs sollte aus Sicherheitsgründen unbedingt in Fahrtrichtung gehen und nicht auf die Kette gerichtet sein.

Die modernen Schaltungen am Mountainbike ermöglichen eine nahezu unbegrenzte Geländewahl. Die richtige Handhabung der Schaltung und das Gefühl für eine gute Trettechnik sind eine wichtige Voraussetzung für die problemlose Fahrt im Gelände.

Im Normalfall befindet sich die Schaltung für das vordere Kettenblatt auf der linken Seite am Lenker. Das hintere Schaltwerk wird auf der rechten Seite bedient.

→ → Achtung: Die Kette darf bei den Schaltvorgängen niemals folgende Positionen einnehmen:

→ Kette vorn auf großem Kettenblatt und hinten auf größtem Ritzel.

→ Kette vorn auf kleinstem Kettenblatt und hinten auf kleinstem Ritzel.

→ Durch die beiden genannten Positionen befindet sich die Kette in einer extrem schrägen Position, die zu starken Abnutzungserscheinungen führt.

TRETEN

➜ Bediene in der Geradeausfahrt den rechten Schalthebel für das hintere Schaltwerk und fühle und variiere dabei die unterschiedlich schweren Übersetzungen. Die Übung sollte auch links durchgeführt werden.

➜ Schalte die hinteren Übersetzungen in Intervallen einzeln durch und trete jede Übersetzung zwei bis drei Kurbelumdrehungen. Die Übung auch mit der vorderen Schaltung durchführen.

➜ Schalte abwechselnd vorne und hinten.

ERSTES BREMSGEFÜHL

Häufige Probleme:

➜ Durch zu starkes Bremsen mit der Vorderradbremse stoppt das Bike abrupt und unkontrolliert.

➜ Durch alleiniges Bremsen mit der Hinterradbremse blockiert das Hinterrad oder der Bremsweg wird länger.

➜ Die Bremshebel sind von den Fingern zu weit entfernt. Dies führt zu einer Verzögerung der Bremsreaktion und einer verminderten Bremskraft.

Problemlösung:

➜ Dosierter Einsatz der Vorderradbremse.

➜ Gleichmäßiges Bremsen mit beiden Bremsen.

➜ Bremshebel müssen näher justiert werden.

Das dosierte Bremsen ist bei der Fahrt durchs Gelände besonders wichtig.

Bei den meisten Bikeherstellern befinden sich die Hebel der Vorderbremse links, die der Hinterradbremse rechts. Bei einigen ist dies jedoch genau umgekehrt. Bei der ersten Ausfahrt ist es somit wichtig, festzustellen, wo welcher Hebel liegt.

Die Wirkung der Vorderradbremse ist wesentlich höher als die der Hinterradbremse. Sie dient zum schnellen Abbremsen des Bikes und ist im Regen, in der Kurve oder beim Abfahren dosiert und sparsam anzuwenden, da sie die Steuerbarkeit des Vorderrades einschränkt.

Das Erlernen des gleichzeitigen, dosierten Einsatzes beider Bremsen ist das wichtigste Übungsziel.

Übungen:

➜ In der Geradeausfahrt beide Bremsen dosiert einsetzen, wieder lösen und weiterfahren. Die Wirkung der Bremsen erfühlen.

➜ Ein Ziel setzen, an dem man durch dosierten Einsatz beider Bremsen zum Stehen kommt. Dabei ist wieder auf den Ausstieg aus dem Pedalsystem zu achten.

➜ Äußerst dosiert ein Ziel nur mit einer Bremse anbremsen.

➜ ➜ Achtung:

Die Bremswirkung der Vorderradbremse ist sehr aggressiv. Ein zu abruptes Bremsen kann zum Sturz über das Vorderrad führen!

KURVE BEI MÄSSIGEM TEMPO

V or der Kurve dosiert mit beiden Bremsen anbremsen und sie unmittelbar vor der Kurve lösen.

Bei den ersten Kurvenfahrten sind einige wichtige Tipps zu beachten, die zukünftig die Fahrt im Gelände erleichtern. Durch die letzten Übungen ist man bereits bestens auf die nachfolgenden Übungen vorbereitet.

Vor der Kurve dosiert mit beiden Bremsen anbremsen und sie in der Kurve lösen. Das Körpergewicht wird nach vorn verlagert und das kurvenäußere Pedal nach unten gedrückt. Das innere Pedal zeigt nach oben. Diese Pedalposition wird gehalten und das Bike läuft ruhig durch die Kurve.

FAHREN IM
GELÄNDE

Für die Fahrt ins Gelände ist die Streckenwahl von besonderer Bedeutung.

Der Untergrund, Steigungen und Gefälle machen den Schwierigkeitsgrad einer Tour aus. Für die ersten Fahrten soll ein leichtes Gelände gewählt werden.

Die Vorübungen machen sich jetzt bezahlt. Das Gefühl für das Bike wird sich von Ausfahrt zu Ausfahrt verbessern.

Folgende Punkte sind zu beachten:

→ Eine verkehrsarme Streckenführung in flachem Gelände zum weiteren Üben deiner Technik ist von Vorteil.

→ Ein Ersatzschlauch, Reifenheber und eine Pumpe dürfen nicht fehlen.

→ Auf die richtige Bekleidung ist zu achten.

Die Trettechnik spielt beim Mountainbiken eine besondere Rolle. Sie ist extrem geländeabhängig und wird von der Übersetzungswahl beeinflusst.

Die richtige Trettechnik ist ein wesentlicher Leistungsparameter. Sie hat großen Anteil am effektiven Vortrieb. Wird die Trettechnik verbessert, kann die Leistung noch effektiver eingesetzt werden.

Das Geheimnis des runden Tritts besteht darin, links wie rechts das Optimum an Kraft auf die Pedale zu bringen. Auf ein gleichmäßiges Drücken und Ziehen des Pedals während des Tretzyklus ist zu achten.

Im Sitzen sollte die Trittfrequenz bei 80 bis 90 Umdrehungen pro Minute liegen. Dies lässt sich leicht mit einem Trittfrequenzmesser im Fahrradcomputer kontrollieren.

Wiegetritt

Der Wiegetritt wird zur Tempoforcierung oder bei nicht zu steilen Steigungen angewendet. Dabei geht man aus dem Sattel und verlagert den Körperschwerpunkt leicht nach vorn zum Lenker. Während das rechte Bein gestreckt wird, muss man mit der rechten Hand am Lenker ziehen und mit der linken Hand am Lenker drücken. Das Rad wird unterstützend gekippt und nicht der Körper hin und her bewegt.

Griffpositionen:

Es gibt zwei unterschied-
liche Griffpositionen, be-
dingt durch die Form
des Lenkers.

→ Beim Cross-Country-
Lenker verwendet man
beim Bergauffahren die
Lenkerhörner zum
Ziehen.

→ Beim Downhill-Lenker
fällt diese Hilfe weg.

FAHREN AN
LEICHTEN

Bei den ersten Ausfahr-ten sind bereits erste Steigungen zu bewältigen. Be-achtet man dabei nachfolgen-de **Tipps**, ist der Aufstieg auch für den Anfänger eine Kleinigkeit.

➜ Vor dem Berg und nicht unter Volllast schalten.

➜ Auf eine gleichmäßige Trittfrequenz achten.

➜ Im Sitzen hat man ausrei-chend Bodenhaftung für das Hinterrad. Im Wiegetritt muss der Körperschwerpunkt genü-gend weit hinten liegen, da-mit das Hinterrad nicht durchrutscht.

➜ Im Wiegetritt sich auf einen gleichmäßigen Bewe-gungsablauf konzentrieren.

➜ Ruhig und kontrolliert weiteratmen, damit die Mu-skulatur immer mit dem nöti-gen Sauerstoff versorgt wird.

➜ Vorausschauend fahren.

Bereits bei den ersten Aus-fahrten treten Steigungen auf, dabei ist auf ein frühzeitiges Schalten in eine leichtere Übersetzung zu achten. Eine gleichmäßige Trittfrequenz soll beibehalten werden.

STEIGUNGEN

Fahren im leichten Gefälle

Bei den ersten Abfahrten ist es besonders wichtig, vorausschauend zu fahren und die Arme zur Dämpfung in einer gebeugten Position zu halten. So kann man rechtzeitig auf auftretende Hindernisse reagieren.

Am Gefälle hat man erstmals die Möglichkeit, das Bike bei etwas höherer Geschwindigkeit kennen zu lernen. Im Normalfall steht man bei der Abfahrt in den Pedalen. Das Bike ist dadurch wesentlich besser kontrollierbar. Vor Kurven setzt man sich und bringt die Pedale in die richtige Position. Folgende **Hinweise** sind zu beachten:

→ Vorausschauendes Fahren.
→ Gleichmäßiges, jedoch nicht permanentes Bremsen mit beiden Bremsen.
→ Locker bleiben und nicht verkrampfen.
→ Die leicht gebeugten Arme als Stoßdämpfer benutzen.
→ Verlagerung des Körperschwerpunkts leicht nach hinten.
→ Mit gebeugten Beinen locker auf den Pedalen stehen.

Häufige Probleme:

→ Durch permanentes Bremsen verliert das Bike zu sehr an Geschwindigkeit und damit an Stabilität.

→ Durch eine verkrampfte Haltung können Stöße nicht richtig abgefedert werden.

→ Der Körperschwerpunkt ist zu weit vorn. Beim Bremsen wird der Schwerpunkt weiter nach vorn verlagert und es kann zum Sturz kommen.

→ Durch ständiges Sitzen im Sattel ist das Bike nicht so gut kontrollierbar. Das Sitzen ist außerdem bei längeren Abfahrten unangenehm.

KURVENTECHNIK
BEI MÄSSIGEM

Das Gewicht wird bei der Kurvenfahrt durch eine verstärkte Oberkörperbeugung sitzend nach vorn verlagert, wodurch ausreichend Druck auf das Vorderrad gebracht wird.

Das Kurvenfahren wird nun auch im Gelände permanent geübt. Zum sicheren Durchfahren der Kurve sind folgende Hinweise zu beachten:

→ Vor der Kurve dosiert mit beiden Bremsen anbremsen und sie wieder lösen.

→ Das Gewicht sitzend nach vorn verlagern (Druck am Vorderrad).

→ Das äußere Pedal nach unten drücken.

→ Das innere Pedal nach oben ziehen.

→ Das Bike ruhig durch die Kurve laufen lassen.

TEMPO

→ Zu starkes Anbremsen vor der Kurve macht das Bike instabil.

→ Eine Bremsung während der Kurvendurchfahrt kann das Bike ins Schleudern bringen.

→ Durch zu wenig Druck am Vorderrad kann das Vorderrad wegrutschen und man kommt zu Sturz.

→ Das kurveninnere Pedal ist unten und streift am Boden. Es kann zum Sturz kommen.

ÜBERFAHREN KLEINER HINDERNISSE

Zum sicheren Fahren im Gelände gehört auch das richtige Überfahren kleinerer Hindernisse.

Trainieren lässt sich das am besten in der freien Natur, z. B. im Wald oder auf Single Trails. Die richtige Technik erhöht die Fahrsicherheit und trägt zu mehr Spaß am Biken bei.

Hier einige **Tipps** für das Überwinden kleinerer Hindernisse:

→ Das Überfahren kleinerer Hindernisse, wie z.B. Wurzeln oder Steine, erfolgt im rechten Winkel. Werden sie schräg angefahren, besteht die Gefahr, dass der Lenker verreißt und man zu Sturz kommt (besonders wichtig bei Nässe!).

→ Sind die Wurzeln nass, muss auch das Hinterrad im rechten Winkel drüber, sonst schmiert der Reifen weg.

→ Das Gewicht nach hinten verlagern und das Vorderrad vor dem Hindernis anheben.

→ Das Körpergewicht muss rasch nach vorn geschoben und das Hinterrad nachgezogen werden.

→ Das Vorderrad wird zu früh oder zu spät angehoben und knallt auf das Hindernis.

→ Das Anheben ist zu gering. Das Vorderrad bleibt am Hindernis hängen.

→ Das Hinterrad wird nicht nachgezogen und bleibt am Hindernis hängen.

→ Das Hindernis wird schräg überfahren. Es kann zum Sturz kommen.

Problemlösung:

→ Konzentration auf das Anheben des Vorderrads bei langsamer Anfahrt.

→ Deutliches Anheben des Vorderrads durch schnelles Hochziehen des Lenkers.

→ Rasches Anziehen der Pedale nach Überspringen mit dem Vorderrad.

→ Senkrechtes Anfahren des Hindernisses.

DIE HERAUS-
FORDERUNG

FAHRTECHNIK

Das Spiel mit dem Bike, hohe Geschwindigkeiten und die Anforderungen an die persönliche Geschicklichkeit werden immer faszinierender.

Beim Mountainbiken ist daher die richtige Technik von großer Wichtigkeit. Sie gibt Sicherheit und der Fahrstil wird ökonomischer.

Mit zunehmender Übung und Trainingshäufigkeit wächst der Spaß im Gelände. Neue Herausforderungen werden gesucht und die fahrtechnische Weiterentwicklung steht im Vordergrund.

Mit den Tipps und Übungen in diesem Buch wird der Weg zum ultimativen Fahrerlebnis sicher und effektiver erreicht.

WEITERE MATERIAL

Verschiedene Materialien haben unterschiedliche Wirkung auf die Fahrtechnik. Das Bike reagiert dementsprechend anders und man muss sich darauf einstellen können.

Mit zunehmendem Niveau ist eine Feinabstimmung des Materials von großer Wichtigkeit. Sie garantiert gleichzeitig **Sicherheit und Fahrspaß**.

Reifen

Der Reifen ist die Verbindung zwischen dem Bike und dem Untergrund. Ein gutes Profil steht für Sicherheit, Stabilität sowie Fahrkomfort und verhindert das Wegrutschen des Reifens. Bei der **Wahl der Reifen** ist daher auf folgende Parameter zu achten:

→ zielgenaues Lenkverhalten,
→ sicheres Kurvenhandling,
→ optimaler Grip für Bremsen und Antrieb,
→ Unempfindlichkeit in Spurrillen,
→ perfekte Eignung für alle Bodenarten,
→ Robustheit bei geringem Gewicht.

Federgabel

Die Federgabel sollte auf das jeweilige Körpergewicht und das fortgeschrittene Fahrkönnen eingestellt sein. Sie darf nicht zu weich sein, da sie sonst in Kurvenlagen wegknickt oder bei starken Bremsmanövern zu tief eintaucht. Je gröber das Gelände ist, desto weicher sollte die Gabel eingestellt sein, jedoch nur bis zu einem gewissen Grad. Die exakte Abstimmung der Federelemente sollte am besten im Fachgeschäft erfolgen.

ASPEKTE ZUR
FAHRTECHNIK

Variierbare Komponenten:

→ **Vorbau**

→ **Kurbellänge**

→ **Lenkerbreite**

→ **Sattelhöhe**

→ **Sattelposition**

→ **Position der Schuhplatten**

Mit zunehmendem Fahrkönnen sollte die Sitzposition den individuellen Bedürfnissen angepasst werden. Die Körpermaße und die Geländewahl beeinflussen die Sitzposition.

Es ist ratsam, die Positionsmaße auf einem Schoberer-Hochleistungsergometer z.B. bei einem sportmedizinischen Test nochmals exakt zu ermitteln. Bezüglich der Kraftübertragung auf die Pedale und der Körpermaße kann dort die optimale Position festgelegt werden. Dadurch wird auch der Wirkungsgrad der Leistung entscheidend verbessert.

Im extremen Gelände sollte der Körperschwerpunkt grundsätzlich tiefer als in der Normalposition liegen. Dies bringt Fahrsicherheit auch in Geländebereichen, an denen man mit der Normalposition in Schwierigkeiten kommt.

POSITION

Die **unterschiedliche Einstellung der Sattelhöhe** ist
dabei der wichtigste Aspekt.

Sollten fahrtechnische Ziele
ausschließlich in extremem
Gelände gesucht werden, ist

eine weitere Abstimmung der
oben genannten Komponenten
zur Fahrsicherheit notwendig.

UNTERSCHIEDLICHE
VORDER- UND

Die Wirkung der **Vorder-radbremse** ist wesentlich höher als die der Hinterradbremse. Sie dient zum schnellen Verzögern des Bikes und muss im Regen, in der Kurve und beim Abfahren dosiert eingesetzt werden, da sie die Steuerbarkeit des Vorderrads einschränkt.

Die **Hinterradbremse** lässt sich neben den normalen Bremsvorgängen ideal zum Driften durch eine Kurve einsetzen.

Die unterschiedliche Bremskraft von **Felgenbremsen** und Scheibenbremsen sollten beim Fahren ebenfalls unbedingt berücksichtigt werden. Bei gut funktionierenden **Scheibenbremsen** wird der Bremsweg nochmals deutlich verringert, daher können Kurven noch später angebremst werden.

Übersetzungs-wahl und Kraft-übertragung

Die Wahl der Übersetzung und damit das **Schalten** sind von Folgendem abhängig:

→ fahrtechnisches Können,
→ konditionelle Fähigkeiten,
→ Geländebeschaffenheit.

In jeder Situation im Gelände sollte auf einen optimalen Wirkungsgrad der Kraftübertragung auf das Pedal geachtet werden. Mit zunehmender Schwierigkeit des Geländes werden die Übersetzungen kleiner. Unangemessen kleine Übersetzungen erhöhen das Durchdrehen des Hinterreifens und vermindern den Vortrieb.

WIRKUNG VON
HINTERRADBREMSE

Abgesehen vom Trial sollte eine ausreichend hohe Tretfrequenz beibehalten werden. Die Wahl großer Übersetzungen eignet sich für Bergabfahrten und für hohes Tempo in der Ebene. Bei rasanten Abfahrten mit größter Übersetzungswahl kann es zu Schäden an der Kettenstrebe kommen.

Fahren auf unterschiedlichem Untergrund

Der Untergrund ist ein entscheidender Punkt zur Anpassung des Fahrverhaltens im Gelände. Die bereits erwähnten Aspekte zur Materialwahl

und die Fahrtechnik entscheiden über die Sicherheit in schwierigeren Situationen. Daher sollte bei ganz unterschiedlichen Bedingungen im Gelände trainiert werden. Der Grip der Reifen und das richtige Einsetzen von Koordination und Kondition spielen eine wichtige Rolle. Unterschiedlichste Bodenbeschaffenheiten beeinflussen das Fahrverhalten. Man unterscheidet als erstes zwischen **trockenem und nassem Untergrund**. Das Fahrverhalten des Bikes ändert sich schlagartig. Bei Nässe werden die Bremswege zunehmend länger. Die nachfolgenden beiden Tabellen geben wichtige **Tipps zum Trainieren**.

TROCKENER

Bodenbeschaffenheit	Fahrverhalten Ebene geradeaus	Kurve	bergauf
Asphalt	guter Grip	guter Grip	guter Grip
Forststraße	guter Grip	Druck auf das Vorderrad verhindert Wegrutschen	im Sitzen guter Grip; im Wiegetritt Durchrutschen des Hinterrads möglich
Grober Schotter, Sand	Beeinträchtigung des Geradeauslaufs, vermindert Geschwindigkeit	Bike kann wegrutschen, erschwerte Traktion	Instabilität des Vorderrads, Wegrutschen des Hinterrads
Waldboden mit Wurzeln	ausreichender Grip	Wurzeln können auch im Trockenen das Wegrutschen des Vorderrads bewirken	Durchrutschen des Hinterrads möglich
Wiese	guter Grip	ausreichender Grip, leichtes Wegrutschen möglich	ausreichender Grip, Durchdrehen des Hinterrads bei zu geringer Druckverteilung möglich

UNTERGRUND

bergab	Tipps
guter Grip	Bei häufigem Fahren auf Asphalt sind Semislicks oder Slicks zu empfehlen.
guter Grip; beim Bremsen rascheres Blockieren des Hinterrads möglich	Achte auf eine gleichmäßige Druckverteilung auf Vorder- und Hinterrad und auf gutes Reifenprofil.
Instabilität des Vorderrads bei geringer Geschwindig-keit; rasches Blockieren des Hinterrads beim Bremsen; zu starkes Bremsen mit der Vorderradbremse bewirkt Eintauchen der Federgabel und kann zum Sturz führen	Bei ausreichend hoher Geschwindigkeit bleibt dein Bike stabil. Verlagere dein Gewicht in der Ebene und beim Bergabfahren nach hinten. Übe ausreichend Druck auf das Vorderrad beim Bergauffahren aus. Wähle ein gutes Reifenprofil.
Blockieren des Hinterrads beim Bremsen; zu starkes Bremsen mit der Vorder-bremse bewirkt Eintauchen der Federgabel und kann zum Sturz führen	Achte beim Überfahren von Wurzeln auf die Be- und Entlastung deiner Räder. Verlagere dein Gewicht in der Ebene und beim Bergab-fahren nach hinten. Wähle ein gutes Reifenprofil.
Blockieren des Hinterrads beim Bremsen; zu starkes Bremsen mit der Vorderrad-bremse bewirkt Eintauchen der Federgabel und kann zum Sturz führen	Bremse dosiert, wähle ein gutes Reifenprofil.

Bodenbeschaffenheit	Fahrverhalten Ebene geradeaus	Kurve	bergauf
Asphalt	ausreichender Grip	Achtung: in Verbindung mit Schmutz sehr rutschig	ausreichender Grip
Forststraße	ausreichender Grip	hohe Gefahr des Wegrutschens	Durchrutschen des Hinterrads möglich
Grober Schotter, Sand	Beeinträchtigung des Geradeauslaufs, vermindert Geschwindigkeit bis zum Stillstand	Bike kann noch schneller wegrutschen, erschwerte Traktion	Instabilität des Vorderrads; starkes Wegrutschen des Hinterrads
Waldboden mit Wurzeln	mäßiger Grip	Wurzeln sind extrem rutschig. Beide Räder können auf schmierigem Waldboden wegrutschen	starkes Durchrutschen des Hinterrads möglich
Wiese	ausreichender Grip	sehr rutschig	extremes Durchrutschen des Hinterrads

UNTERGRUND

bergab

Tipps

bergab	Tipps
Rutschgefahr besonders beim Bremsen auf verschmutzter Fahrbahn	Fahre vorsichtig und bremse dosiert.
Rutschgefahr beim Bremsen; noch rascheres Blockieren des Hinterrads beim Bremsen	Fahre vorsichtig, bremse dosiert und achte auf gutes Reifenprofil.
Instabilität des Vorderrads bei geringer Geschwindigkeit; noch rascheres Blockieren des Hinterrads beim Bremsen; zu starkes Bremsen mit der Vorderbremse bewirkt Eintauchen der Federgabel; Wegrutschen des Vorderrads kann zum Sturz führen	Bei ausreichend hoher Geschwindigkeit bleibt dein Bike stabil. Verlagere dein Gewicht in der Ebene und beim Bergabfahren nach hinten. Übe ausreichend Druck auf das Vorderrad beim Bergauffahren aus. Wähle ein gutes Reifenprofil.
rasches Blockieren des Hinterrads beim Bremsen; zu starkes Bremsen mit der Vorderbremse bewirkt Eintauchen der Federgabel und kann zum Sturz führen	Achte beim Überfahren von Wurzeln auf die Be- und Entlastung deiner Räder. Verlagere dein Gewicht in der Ebene und beim Bergabfahren nach hinten. Wähle ein gutes Reifenprofil.
Achtung: Schleudergefahr bei zu starkem Bremsen	Fahre sehr vorsichtig und bremse äußerst dosiert. Wähle ein gutes Reifenprofil.

Beim Bergauffahren tre-
ten unterschiedlichste
Steigungen auf, die eine
differenzierte Technik
verlangen.

Sie reichen von gut aus-
gebauten Forststraßen
bis hin zu extrem steilen
Single Trails. Die gleichmäßige Belastung der
Laufräder spielt dabei
eine entscheidende Rol-
le. Die Position auf dem
Rad und die Trettechnik
geben für einen hohen
Wirkungsgrad im Vor-
trieb eindeutig den Aus-
schlag. Die Geländebe-
schaffenheit bestimmt
die Übersetzungswahl
und die Sitzposition.

Erst bei einer ausgereif-
ten Technik lassen sich
lang andauernde Stei-
gungen und technisch
schwierige Passagen
bei der Bergauffahrt
optimal meistern.

FAHREN BEI MÄSSIGEN
STEIGUNGEN

Häufige Probleme:

➔ Es kann keine gleich-
mäßige Tretfrequenz
auf Grund einer zu
schweren Übersetzung
gehalten werden.

➔ Es wird nur Druck,
jedoch kein Zug auf die
Pedale ausgeübt.

➔ Wegen ungünstiger
Gewichtsverlagerung in
Richtung Lenker rutscht
das Hinterrad durch.

➔ Unterarme und
Hände werden durch
einseitige Lenkergriff-
position taub.

➔ Der Tretrhythmus ist
auf Grund von zu spä-
tem Schalten bei Stei-
gungswechseln gestört.

Der Großteil längerer Uphills wird **im Sitzen** bewältigt. Es ist auf eine gleichmäßige Tretfrequenz zu achten, die den konditionellen Fähigkeiten entspricht. Durch ein gleichmäßiges Drücken und Ziehen beider Beine wird eine optimale Kraftübertragung auf die Pedale ausgeübt (siehe **Tretzyklusschulung** in »Fahrtechnik Straßenrad« von C. Weiß). Das Hinterrad sollte ausreichend belastet werden, da es sonst durchrutschen kann. Durch ein kurzes Aus-dem-Sattel-Gehen wird die Gesäß- und Beinmuskulatur entspannt. Der Schwerpunkt sollte im **Wiegetritt** weiterhin leicht hinten gehalten werden, um das Durchrutschen des Hinterrads zu verhindern. Bei langen Bergauffahrten sollten auch häufiger die Griffposition gewechselt und die Lenkerhörner zum Ziehen genutzt werden.

50

Problemlösung:

➜ Eine ausreichend leichte Übersetzung ist zur Aufrechterhaltung der Trittfrequenz erforderlich.

➜ Der Oberkörper sollte in einer mittleren Position fixiert werden.

➜ Variieren der Lenkergriffpositionen.

➜ Vorausschauend fahren und frühzeitig schalten.

Übungen:

➜ Fahre eine gleichmäßige Steigung im Sitzen mit konstanter Tretfrequenz und ausreichend leichter Übersetzung.

➜ Fahre abwechselnd im Sitzen oder im Wiegetritt.

➜ Konzentriere dich auf die Zug- und Druckphase beim Tretzyklus.

FAHREN IN EXTREMEN STEIGUNGEN

Bei zunehmender Steigung spielt die exakte Gewichtsverteilung eine wesentliche Rolle. Das Vorderrad neigt immer mehr zum Abheben und das Hinterrad mehr zum Durchrutschen.

Daher sollten folgende Punkte beachtet werden:

→ Den Oberkörper mit zunehmender Steigung weiter über den Lenker neigen, dabei das Gesäß jedoch nach hinten schieben.

→ Auf einen gleichmäßigen, nicht zu niedrigen Tretzyklus achten.

→ Da die Übersetzungswahl von den konditionellen Fähigkeiten abhängig ist, sollte sie nicht zu hoch sein.

→ Bei sehr steilem Gelände ist auf einen rechtzeitigen Ausstieg aus den Pedalen zu achten, um ein Stürzen bei Stillstand zu vermeiden.

DOWNHILL

Der optimale Druck-
punkt der Bremse spielt
dabei eine große Rolle.
Er sollte genau in der
Mitte des Hebelwegs
liegen. Ist der Hebelweg
zu kurz eingestellt,
erfordert das Bremsen
enorme Fingerkraft.
Lässt sich umgekehrt
der Bremshebel bis fast
zum Anschlag ziehen,
wird die volle Brems-
kraft oft nicht ausge-
nutzt. Sie ist jedoch bei
extremem Gefälle so-
wohl für die Kontrolle
als auch für die eigene
Sicherheit entscheidend.

FAHREN BEI MÄSSIGEN

Häufige Probleme:

→ Die Hände beginnen zu schmerzen, weil die Bremsen nicht richtig eingestellt sind oder permanent gebremst wird.

→ Durch eine verkrampfte Haltung können kleinere Erschütterungen nicht abgefedert werden. Schmerzen im Schultergürtel und in den Beinen sind die Folge.

→ Die Kette schlägt auf die Kettenstrebe.

Problemlösung:

→ Bremsen exakt nachstellen und dosiert in Abständen bremsen.

→ Zur Dämpfung von Schlägen sollten die Arme gebeugt sein. Es sollte im Stehen bei gebeugten Beinen in waagrechter Pedalposition gefahren werden.

→ Die Kette sollte durch entsprechende Übersetzungswahl mehr Spannung erhalten.

UND MITTELSCHWEREN
DOWNHILLS

Längere Abfahrten wer-den am besten sitzend oder locker in den Pedalen stehend bewältigt. Die Kurbeln stehen dabei waagrecht, und mit gebeugten Armen und Beinen federt man leichte Schläge ab.

Hier ist wieder auf die unterschiedliche Wirkung von Vor-der- und Hinterradbremse zu achten. Für effiziente Bremsmanöver werden beide Bremsen kombiniert bedient. Bei sehr hoher Geschwindigkeit empfiehlt es sich, den Körperschwerpunkt nach hinten zu verlagern, um nicht nach vorn über den Lenker absteigen zu müssen.

Übungen:

→ **Variiere deine Position zwischen Sitzen und Stehen.**

→ **Bremse kurz und kräftig statt anhaltend.**

→ **Erfühle das Verhalten deines Bikes bei unterschiedlichen Geschwindigkeiten.**

STEILEREN DOWNHILLS

In zunehmendem Gefälle sowie bei schwierigem und steilem Untergrund ist die Position des Körperschwerpunkts sehr wichtig.
Hier einige wichtige **Tipps zum sicheren Abfahren:**

➜ Mit dem Gesäß ganz weit nach hinten über das Hinterrad rücken. Dabei ist es hilfreich, wenn vor der Abfahrt der Sattel so weit wie möglich nach unten geschoben wird.

➜ Der Blick ist nach vorn gerichtet und die Arme sind fast durchgestreckt, aber nicht starr.

➜ Die Beine stehen waagrecht in den Pedalen, um unvermeindliche Schläge abzufedern.

➜ Die Vorderbremse äußerst sparsam verwenden, da man durch ein blockiertes Vorderrad über den Lenker stürzen kann.

FORTGE-
SCHRITTENE

KURVEN-
TECHNIK

Eine gute Kurventechnik erspart Kraft, ist eine technische Herausforderung und bereitet viel Fahrvergnügen.

Die Devise lautet auch bei der Kurventechnik »vom Leichten zum Extremen«.

Das richtige Kurven-Feeling entsteht nur bei langsamer Steigerung der einzelnen Lernschritte. Sicherheit hat an dieser Stelle Vorrang. Bei zunehmender Geschwindigkeit nehmen auch die Kräfte auf den Fahrer und das Material zu. Auf sie sollte man vorbereitet sein und das Material entsprechend abstimmen.

Dann wird das Spiel mit dem Speed und den Kräften zur kalkulierbaren Herausforderung.

KURVENTECHNIK
IN FLACHEM
GELÄNDE

➔ Am Kurvenende kann nicht schnell genug beschleunigt werden, da das Schalten am Kurvenanfang in einen leichteren Gang vergessen wurde.

➔ Zu starkes Bremsen am Kurvenanfang macht das Bike instabil und verhindert das Fahren der Ideallinie.

➔ Beim Pedalieren in der Kurve besteht akute Sturzgefahr!

B eim Durchfahren einer Kurve sind folgende Abläufe zu beachten:

➔ Rechtzeitiges Schalten auf einen dem Gelände entsprechenden kleineren Gang. Dieser wird am Kurvenende zur Beschleunigung benötigt.

➔ Gefühlvolles Anbremsen mit beiden Bremsen und Lösen der Bremsen kurz vor der Kurve.

➔ Leichtes Neigen mit dem Körper zur Kurveninnenseite. Je schneller man fährt, desto stärker wird diese Bewegung.

➔ Das Bike bei freier Sicht ruhig von außen nach innen durch die Kurve rollen lassen.

➔ Das kurveninnere Pedal befindet sich oben.

➔ Gleich nach der Kurve beschleunigen.

KURVENTECHNIK
BEIM UPHILL

Übungen:

→ Fahre Kurven mit unterschiedlichen Radien.

→ Taste dich an ein immer späteres Anbremsen der Kurve heran.

→ Konzentriere dich auf das Beschleunigen am Kurvenende und beschleunige im Wiegetritt.

→ Übe auf unterschiedlichem Untergrund.

→ Suche eine kleine Rundstrecke oder einen Parcours im Gelände. Das häufige Durchfahren der Kurven im Rundkurs verleiht zunehmend Fahrsicherheit.

Im Normalfall kann beim Bergauffahren auf Grund der fehlenden Schräglage gleichmäßig weitergetreten werden. Die Position auf dem Bike ändert sich jedoch dabei nicht.

Eine gute Traktion des Vorderrads wird durch ausreichende Gewichtsverlagerung nach vorn erzielt.

Die Kurve wird im Gelände von außen angefahren, da die Innenseite meist steiler ist.

KURVENTECHNIK

Häufige Probleme:

➜ Mit dem kurveninneren Fuß kommt man nicht rechtzeitig aus dem Pedal.

➜ Der Druck auf das äußere Pedal ist zu gering. Das Bike gerät außer Kontrolle.

➜ Das Vorderrad rutscht durch Einsatz der Vorderbremse weg.

➜ Beim Beschleunigen kommt man nicht wieder ins Pedal zurück.

Problemlösung:

➜ Rechtzeitiges Lösen des kurveninneren Fußes aus dem Pedal.

➜ Deutlichen Druck ausüben auf das äußere Pedal beim Setzen des kurveninneren Beines.

➜ Die Vorderradbremse vor der Kurve freigeben.

➜ Sicheres Aufsetzen des Schuhs auf das Pedal.

Die Geschwindigkeit sollte bereits vor der Kurve reduziert werden, da das Bike in Schräglage sehr sensibel auf die Bremsen reagiert. Das Vorderrad kann blockieren und das Rad rutscht weg. Die Kurve wird im Gelände von außen angefahren und am Scheitelpunkt wird nach innen gezogen. Danach lässt man sich wieder nach ganz außen treiben und beginnt sofort mit dem Beschleunigen.

➜ Vor der Kurve auf einen kleineren Gang schalten.

➜ Verlagerung des Körperschwerpunkts nach hinten und die Kurve kontrolliert anbremsen.

➜ Das Bike (je nach Untergrund) in die Kurve drücken.

➜ Das kurveninnere Pedal ist oben.

➜ Während der Kurve Druck auf der Vorderrad ausüben.

➜ Nach der Kurve sofort mit dem Treten beginnen.

BEIM DOWNHILL

Übungen:

→ Übe das Lösen des kurveninneren Fußes aus dem Pedal bei mäßiger Geschwindigkeit, danach Tempo steigern.

→ Konzentriere dich auf das Ziehen der Hinterradbremse und das Aufsetzen des Fußes.

→ Übe das schnelle Ein- und Aussteigen.

→ Trainiere diese Technik nach Möglichkeit nur auf Schotterstrecken und nicht auf Wiesen oder im Wald.

Driften

Durch vollständiges Blockieren des Hinterrads rutscht das Bike um die Kurve. Ausgelöst wird der Drift durch ein festes Ziehen der Hinterradbremse und eine Gewichtsverlagerung auf jene Seite, in welche man driften möchte.

Beim Driften verliert man jedoch Geschwindigkeit und ruiniert den Untergrund. Also bitte nur sparsam anwenden.

Bei höherer Geschwindigkeit kann man den kurveninneren Fuß zur Stabilisierung aus dem Pedal nehmen.

Kurz vor dem Anbremsen wird er aus dem Pedal gelöst und in Richtung Kurvenzentrum gesetzt. Das Pedal des kurvenäußeren Fußes wird fest nach unten, gleichzeitig der Lenker nach innen gedrückt. Nach der Kurve stellt man den freien Fuß wieder auf das Pedal und es wird erneut im Wiegetritt oder im Sattel sitzend beschleunigt.

ÜBERFAHREN
VON

HINDER-
NISSEN

Damit man beim Fahren im Gelände nicht plötzlich von kleineren Hindernissen wie Wurzeln, Wasserrinnen oder Löchern überrascht wird, sollte man sich gut auf diese Dinge vorbereiten. Sie gehören zum Biken dazu.

Es ist ganz wichtig, dass man in solch einer Situation nicht in Panik gerät, sondern richtig reagiert.

Das Üben dieser Techniken ist ein ganz entscheidender Faktor beim Fahren im Gelände. Das Fahrerlebnis wird mit zunehmender Sicherheit bei Beherrschung dieser Techniken immer größer. Die Touren werden anspruchsvoller und im Rennen spart man sich wertvolle Sekunden.

Wurzeln

Im trockenen Zustand sind Wurzeln ganz normal zu überfahren. Dabei geht man leicht aus dem Sattel, hebt den Lenker etwas an und lässt das Bike darüberrollen. Das Körpergewicht ist nach hinten verlagert. Etwas tückischer werden die Wurzeln im nassen Zustand. Hier muss man unbedingt darauf achten, dass sie im rechten Winkel überfahren werden, da sonst das Vorderrad wegrutscht. In dieser Situation sind Stürze häufig unvermeidbar. Das Hinterrad rollt ebenfalls im rechten Winkel über die Wurzel.

HINDERNISSE

Randsteine

Zum Üben sucht man sich einen niedrigen Randstein. Aus der Anfahrt zieht man mit beiden Händen kräftig am Lenker und hebt das Vorderrad auf den Randstein. Das Gewicht ist nach hinten verlagert. Mit etwas Schwung rollt nun das Bike über das Hindernis. Bei höheren Randsteinen muss auch das Hinterrad angehoben werden. Dafür zieht man unmittelbar nach dem Aufsetzen des Vorderrads die Pedale, die in horizontaler Kurbelposition stehen, nach.

Wasserrinnen, kleine Gräben

Am Bike stehend wird das Vorderrad über das Hindernis gehoben. Das Hinterrad rollt nach.

SPIEL MIT DEN

KRÄFTEN –
TRIAL-
TECHNIK

Wie bei jeder Sportart sollte auch beim Trial besonders auf die Sicherheit geachtet werden.

Sprünge von hohen Kanten, steile Abfahrten über Stufen oder das Durchfahren von extremstem Gelände sind keine Seltenheit. Darauf sollte sich der Fahrer unbedingt in jeder Hinsicht vorbereiten.

Dies betrifft sowohl seine Technik als auch seine Ausrüstung.

Helm und Handschuhe gehören zur Standardausrüstung eines Bikers. Beim Trialfahren verhindert das Tragen von Knieschützern größere Blessuren bei eventuellen Stürzen.

EINSTELLUNGEN AM BIKE

de sehr schwer. In nicht zu schwerem Gelände kann man jedoch auch mit dem normalen MTB das ultimative Erlebnis mit den Kräften haben.

Sattelstellung

Der Sattel soll so tief wie möglich gestellt sein. Dein Schwerpunkt sitzt somit tiefer. Außerdem vergrößert sich der Bewegungsspielraum und die Verletzungsgefahr wird gemindert. Beim Trial ist es oft notwendig, das Gesäß so weit wie möglich nach hinten zu schieben.

Die Einstellung des Bikes ändert sich beim Trialfahren wesentlich. Folgende Punkte sind zu beachten:

→ Sattelstellung
→ Übersetzung
→ Reifendruck
→ Pedale/Pedalstellung
→ Lenker

Biketypen

Beim Trialfahren kommen zwei unterschiedliche Biketypen in Frage:

→ Mit dem 20-Zoll-Bike lassen sich extremste Tricks und Hindernisse bewältigen.

→ Tricks mit dem 26-Zoll-Bike sind in ganz extremem Gelän-

Übersetzung

Viele Biker fahren oft mit zu großen Gängen. Dies belastet nur unnötig die Knie und führt auf Dauer zu Überlastungsschäden. Beim Trial muss es möglich sein, auch bei geringen Geschwindigkeiten oder schon fast im Stand noch treten zu können. Daher ist auf eine möglichst kleine Übersetzung zu achten. So kann man schnell reagieren und muss nicht vom Bike.

Reifendruck

Im Vergleich zum normalen Fahren im Gelände wird ein geringerer Reifendruck gewählt. So kommen noch einige Zentimeter Federweg dazu, die bei höheren Sprüngen eine weichere Landung ermöglichen. Die Haftung des Reifens erhöht sich spürbar und ermöglicht dadurch das Fahren in Extrembereichen.

Pedale

Obwohl mit Klickpedalen das Bike besser anzuheben ist, ist

es beim Trialfahren wichtig, mit normalen Bärentatzen zu fahren. Man kommt schneller von den Pedalen und die Verletzungsgefahr wird somit um einiges geringer. Schuhe mit weicher Sohle erleichtern das Fahren mit Bärentatzen, da man sich besser in den Pedalen festkrallen kann.

Lenker

Zu empfehlen wäre ein Downhill-Lenker, der mehr Bewegungsfreiheit gibt. Beim Einschlagen des Lenkers verbessert sich das Handling des Bikes, was sich besonders bei extremen Balanceübungen bezahlt macht.

73

ERSTE TRIAL

ÜBUNGEN

Diese ersten Übungen sind das Grundgerüst im Trial und man bekommt mehr Bewegungserfahrung und Sicherheit.

In schwierigen Situationen kann man richtig und schnell reagieren. Beim Üben geht es grundsätzlich von leichten Herausforderungen zu den schweren. Geduld ist die wichtigste Voraussetzung für die erfolgreiche Umsetzung. Zu große Lernschritte führen zum Lernstillstand und demotivieren. An dieser Stelle sei nochmals auf die Sicherheit hingewiesen. Sie sollte auch beim Trialfahren ganz oben stehen.

Alle diese Tricks werden im Stehen durchgeführt. Hierfür sollte man sich besonders viel Zeit nehmen.

PEDALSTELLUNG

Häufige Probleme:

→ Auf Grund fehlender Körperspannung ist das Bike unruhig und kommt nicht zum Stillstand.

→ Fehlendes Ziehen der Bremsen bringt das Bike immer wieder zum Rollen.

→ Das schwache Bein befindet sich vorn.

Problemlösung:

→ Deutliche Körperspannung während der Balance.

→ Konsequentes Ziehen der Bremsen fixiert das Rad.

→ Pedale so positionieren, dass das starke Bein vorn steht.

Für viele Bewegungsabläufe ist die Stellung des Pedals wichtig. Es gibt auch im Trialfahren »Linksfüßler« und »Rechtsfüßler«. Das heißt, das linke Pedal oder das rechte Pedal ist vorn. Durch folgende Übungen findet man heraus, welcher Fuß vorn ist:

→ Das Bein, das beim Rollerfahren als Standbein dient, steht auf dem Pedal vorn.

→ Das Sprungbein beim Weit- oder Hochsprung steht vorn.

→ Vorerfahrungen aus anderen Sportarten wie z.B. Skateboarden oder Surfen helfen ebenfalls, das vordere Bein zu ermitteln.

Balancieren – Stehen

Das Gleichgewicht zu halten ist besonders bei geringen Geschwindigkeiten von Vorteil.

→ Stehen mit aufrechtem Oberkörper am Rad, dabei das gute Pedal nach vorn in die Waagrechte nehmen.

→ Ziehen der Vorder- und Hinterradbremse.

→ Gute Körperspannung.

→ Der Körperschwerpunkt befindet sich ein wenig vor der Bikemitte.

→ Zum besseren Balancieren wird das Vorderrad in eine beliebige Richtung leicht eingeknickt.

Übungen:

→ Trainiere mit einem Partner, der dir Hilfestellung gibt (Abstützen).

→ Das Ziehen der Bremsen ermöglicht es dir, in einem markierten Bereich stehen zu bleiben.

→ Versuche, so lange wie möglich stehen zu bleiben.

→ Aus dem langsamen Anfahren bremsen, stehen und weiterfahren.

→ Klemme den Sattel im Stehen zwischen die Beine und versuche es freihändig.

Häufige Probleme:

→ Der Absprung kommt nicht aus einer tief gebeugten, sondern gestreckten Position. Das Bike hebt nicht deutlich ab.

→ Beim Absprung wird nur der Lenker nach oben gerissen und das Hinterrad bleibt stehen.

→ Die Landung erfolgt zu hart.

Problemlösung:

→ Deutliches Tiefgehen vor dem Absprung.

→ Nur eine gleichzeitige explosive Streckung von Armen und Beinen bewirkt das Abheben des Bikes.

→ Deutliches und bewusstes Tiefgehen bei der Landung.

BIKE

Übungen:

→ Hüpfe im Kreis.

→ Zur Grundübung kommt nun eine leichte Kopf- und Hüftdrehung in Hüpfrichtung. Dabei solltest du auf eine sichere Landung achten und das Bike durch Arm- und Kniebeugung deutlich abfedern.

Das Hüpfen mit dem Bike ist eine weitere sehr gute Übung zur Verbesserung des Gleichgewichts, bei der das Bike noch besser kennengelernt werden kann.

→ Stehen mit leicht über den Lenker gebeugtem Oberkörper. Die Kurbeln befinden sich in der Waagrechten.

→ Beide Bremsen sind blockiert

→ Das Bike wird in den Boden gedrückt.

→ Durch das Strecken der Arme und Beine hebt das Bike explosionsartig mit beiden Laufrädern gleichzeitig vom Boden ab.

Häufige Probleme:

→ Durch die fehlende Drehung von Kopf und Hüfte bleibt die Richtungsänderung aus. Das Bike landet an der gleichen Stelle.

→ Ein Ausbleiben der Kopfdrehung in Hüpfrichtung erschwert die Orientierung bei der Landung.

Problemlösung:

→ Bewusste Einleitung der Drehung durch eine deutliche Drehung von Kopf, Oberkörper und Hüfte.

→ Deutliche Kopfdrehung mit anschließender Blickrichtung hin zur Landung.

SEITLICHES HÜPFEN
MIT DEM BIKE

Häufige Probleme:

→ Der Körper wird vor dem Absprung nicht geneigt und dadurch springt man auf der Stelle.

→ Ein zu starkes Neigen des Körpers bewirkt einen unkontrollierten Absprung und kann zum Sturz führen.

Problemlösung:

→ Dosiertes Neigen des Oberkörpers vor dem Absprung.

Übungen:

→ Hüpfe über eine Linie.

→ Springe über eine Linie mit seitlichen Grenzlinien, die beim Sprung zu erreichen sind.

→ Hüpfe längs über einen Stab.

→ Wieder leicht über dem Lenker gebeugt am Bike stehen.

→ Kurz vor dem Absprung in die Richtung kippen, in die man springen möchte.

→ Im Moment des Kippens die Absprungbewegung durchführen.

→ Je weiter man hüpfen will, desto später und kräftiger muss man abspringen.

→ Vor dem Absprung die Bremsen lösen und bei der Landung wieder ziehen.

WHEELIE

Der Wheelie erfordert etwas Können und viel Geduld. In Ruhe üben und nichts überstürzen.

→ Anfahren mit mäßiger Geschwindigkeit auf einem glatten Untergrund.

→ Den Oberkörper über den Lenker verlagern.

→ Das Vorderrad vom Boden reißen und mit dem Gewicht nach hinten gehen.

→ Möglichst ruhig weitertreten, während das Vorderrad in der Luft ist.

→ Das Vorderrad muss bei der Landung nach vorn stehen, sonst besteht die Gefahr eines Sturzes.

→ Finger weg von der Vorderradbremse bei der Landung!

Häufige Probleme:

→ **Das Vorderrad hebt nicht vom Boden ab.**

→ **Das Vorderrad wird zu stark angerissen, man** bekommt Rücklage und muss absteigen.

→ **Das Bike wird beim Treten immer schneller.**

Problemlösung:

→ **Stärker vom Boden abdrücken, indem das Vorderrad zuerst in den Boden gedrückt und dann explosionsartig in die Luft gerissen wird. Gewichtsverlagerung!**

→ **Das Gewicht soll wieder etwas mehr zur Mitte des Bikes verlagert oder ganz leicht die Hinterradbremse gezogen werden.**

→ **Dosieren der Geschwindigkeit mit der Hinterradbremse.**

TRIAL FÜR HOHE ANSPRÜCHE

Die Physik wird nun scheinbar auf den Kopf gestellt. Unmöglich zu überwindende Hindernisse werden jetzt angegangen. Körperbeherrschung in Perfektion wird dem Fahrer abverlangt.

Diese Tricks erfordern besonderes Geschick.

Die Vorbereitung durch die letzten Übungen war optimal für diese neue Herausforderung.

Hier kommt es ganz besonders auf die Gleichgewichts-, Konzentrations- und Reaktionsfähigkeit an. Die Tricks sollten unbedingt in erholtem Zustand geübt werden. Nur auf diese Weise wird ein effektiver Lernerfolg garantiert. Ermüdungen können zur Verfälschung von Bewegungsabläufen führen und machen damit schwierige Aufgaben unlösbar.

BUNNY HOP

Häufige Probleme:

→ Der Absprung ist entweder zu früh oder zu spät.

→ Beim Start wird das Bike nicht kräftig genug in den Boden gedrückt und die Arme sind zu starr.

→ In der Absprungphase wird nicht stark genug am Lenker gezogen.

→ Das Gewicht befindet sich bei der Landung vorn und es kommt zum Abgang über den Lenker.

Problemlösung:

→ Das Vorderrad oder das Hinterrad bleibt am Hindernis hängen.

→ Dynamisches und explosives Eindrücken des Bikes in den Boden.

→ Das Bike soll stabil zwischen den Beinen gehalten werden.

→ Einhalten einer mittleren Position bei der Landung.

1

5 4 3

Für die Fahrten im Gelände ist der Bunnyhop eine wichtige Technikübung, die ein sicheres Überqueren schnell auftauchender Hindernisse ermöglicht.

→ Zuerst sollte mit dem Überspringen von kleinen Hindernissen wie z.B. einem Stock begonnen werden.

→ Vor dem Hindernis nicht mehr treten und die Pedale waagrecht stellen. Arme und Beine beugen und aus dem Sattel gehen. Das Bike kräftig in den Boden drücken, bevor das Vorderrad hochgezogen wird (1).

→ Kurz vor dem Absprung den Körper strecken und zum Anheben des Vorderrads nach hinten neigen (2).

→ Das Vorderrad mit gestreckten Armen nach oben ziehen und den Körper in der Luft nach vorn schieben (3).

→ Bei der Landung liegt der Schwerpunkt zentral über dem Bike. Nicht den Lenker nach unten drücken! Das Bike soll mit beiden Rädern gleichzeitig landen (4).

→ Der Lenker wird gerade gehalten und der Aufprall mit gebeugten Beinen und Armen abgefedert (5).

STEHEN UND SPRINGEN AM HINTERRAD

Diese Übung erfordert sehr viel Ruhe und Geduld.

→ Ziehen der Hinterbremse.

→ Aus dem Stand wird das Vorderrad nach oben gerissen und man spürt, dass das Bike nach hinten kippt.

→ Ein Umfallen wird vermieden, indem man etwas in die Knie geht und am Lenker zieht.

→ Diese kritische Position ist zu halten. Man krallt sich so fest wie möglich in die Pedale.

→ Nun einige Zentimeter nach hinten springen.

Diesen Bewegungsablauf so oft es geht durchführen.

Variation:

→ Nach vorn hüpfen.

→ Mit gezogener Hinterradbremse mit dem Gesäß etwas nach hinten gehen und zum Sprung nach vorn ansetzen.

→ Gleichzeitig die Bremse loslassen, leicht in die Pedale treten und mit dem Gesäß zum Schwungholen wieder hoch kommen.

→ Nach vorn springen und in der Luft die Bremse ziehen.

HÜPFEN UND STEHEN AM VORDERRAD

Für diesen anspruchsvollen Trick empfiehlt es sich, noch etwas mehr Luft aus dem Vorderreifen zu lassen. Die Federung und das Balancegefühl werden dadurch verbessert.

➜ Mit gezogener Vorderbremse als Vorübung austesten, wie hoch das Hinterrad angehoben werden kann, ohne über das Vorderrad zu stürzen. Langsam an den Scheitelpunkt herantasten.

➜ Die Vorderbremse ziehen.

➜ Den Oberkörper mit voller Kraft nach vorn bewegen, so dass der Schwerpunkt über dem Lenker liegt.

➜ Diese Position ist nur sehr schwer zu halten. Deshalb: durch kleine Hüpfer ausbalancieren und den Schwerpunkt korrigieren.

➜ Der Bewegungsimpuls kommt aus den Armen.

➜ Das Walgen des Vorderreifens soll ausgenutzt werden.

Häufige Probleme:

➜ Zu viel Luft im Vorderreifen erschwert das Einnehmen der Standposition.

➜ Zu geringes Bremsen mit dem Vorderrad erschwert ein Anheben des Hinterrads.

➜ Fehlende Körperspannung macht die Position labil und das Bike äußerst unruhig.

➜ Ruckartiges Bremsen mit der Vorderradbremse und zu schnelles Anfahren können einen Sturz über den Lenker verursachen.

Problemlösung:

➜ Reduzieren des Luftdrucks.

➜ Deutliches Bremsen mit der Vorderradbremse.

➜ Starke Körperspannung einnehmen.

➜ Dosiertes Anfahren mit anschließendem dosierten Bremsen.

HÜPFEN VON EINER

Häufige Probleme:

→ Durch stärkeres Reißen am Lenker kommt man in einer aufrechteren Position von der Kante.

→ Das Vorderrad berührt bei der Landung zuerst den Boden.

→ Während der Flugphase ist auf eine gestreckte Körperhaltung zu achten.

→ Die Landung ist zu hart, da Arme und Oberkörper nicht genug gebeugt sind.

Problemlösung:

→ Dosiertes und kontrolliertes Anheben des Lenkers.

→ Gleichmäßige Balance des Bikes mit waagrechter Position.

→ Ausreichende Beugung von Armen und Beinen zum Abfedern.

3

Diese Übung sollte zuerst von einer nicht so hohen Stufe ausgeführt werden. Die Höhe ist nur bei absoluter Beherrschung des Bikes allmählich zu steigern.

→ Mit dem Vorderrad so nah wie möglich an der Kante stehen.

→ Der schwächere Fuß zeigt im Winkel von ca. 45° nach vorn.

→ Das Vorderrad wie beim Wheelie hochziehen (ca. 30 cm) und eine halbe Pedalumdrehung machen.

→ In der Luft die Hinterradbremse ziehen.

→ Beim Sprung eine möglichst gestreckte Körperhaltung einnehmen und das Hinterrad zuerst aufzusetzen (1).

→ Bei der Landung auf waagrechte Pedalstellung achten (2).

→ Den Schlag des Vorderrads mit deutlich langen Armen und gebeugtem Oberkörper dämpfen und hinter dem Sattel zum Abfedern tiefgehen (3).

VARIATION: HÜPFEN
AUS DEM

Häufige Probleme:

→ Bei der Anfahrt wird gezögert und das Vorderrad nicht kräftig genug in die Höhe gerissen.

→ Während der Flugphase wird der Körper nicht aufgerichtet und man kann keine stabile Position einnehmen.

→ Nicht verkrampfen und den Lenker nicht verreißen.

Problemlösung:

→ Konsequente Anfahrt mit kräftigem Anreißen des Lenkers.

→ Deutliches Aufrichten zur Einnahme einer stabilen Position.

→ Lockere und entspannte Haltung am Bike.

VON EINER KANTE
ANFAHREN

Auch hier ist eine aus-gefeilte Wheelie-Technik Voraussetzung und Hilfe beim Springen.

→ In einem mittleren Gang entschlossen an die Kante heranfahren. Aus dem Sattel gehen und die Pedale waag-recht stellen. Die Arme sind gebeugt und der Blick ist nach vorn gerichtet.

→ Zwei bis drei Meter vor der Kante die Bremsen auslassen und das Vorderrad zum Wheelie hochreißen (1).

→ Während der Flugphase ganz weit hinter den Sattel gehen und das Bike unter dem Körper nach vorn strecken.

→ Das Vorderrad ist immer höher als das Hinterrad (2).

→ Ist das Hinterrad über die Kante gerollt, aufrichten und Beine strecken. So wird der Aufprall abgefedert.

→ Mit den Armen den Lenker an den Körper ziehen, um so eine stabile Lage in der Luft zu erreichen.

→ Bei der Landung als erstes mit dem Hinterrad den Boden berühren (3).

→ Die Beine deutlich zum Ab-federn beugen und das Vorderrad nach vorne kippen. Die Beine bleiben gebeugt und der Lenker ist gerade.

→ Nach der Landung brem-sen, um die Geschwindigkeit zu reduzieren (4).

SPRINGEN

Häufige Probleme:

→ **Das Vorderrad bleibt am Boden.**

→ **Zu frühes Anreißen des Lenkers. Das Vorderrad erreicht nicht die Kante, sondern bleibt an der Stufe hängen.**

→ **Die Anfahrtsgeschwindigkeit ist zu niedrig und** **das Vorderrad knallt gegen die Stufe.**

→ **Gefahr des Umfallens wegen eines zu geringen Vorbeugens des Oberkörpers.**

→ **Fehlende Körperspannung.**

Zum Üben sucht man sich eine nicht zu hohe Kante. Die Höhe sollte nur bei ausreichender Sicherheit gesteigert werden.

→ Der Bewegungsimpuls folgt aus einer raschen Anfahrt.

→ Eine Radlänge vor der Kante schnellt der Oberkörper nach hinten. Kräftig am Lenker

AUF EINE
STUFE

ziehen und das Vorderrad hochreißen (1).

→ Während des Zugs am Lenker wieder aufrichten. So wird das Umfallen verhindert und man kommt dem Vorderrad entgegen (2).

→ Durch diese schnelle Bewegung nach oben springt man automatisch ab. Der

Körper ist deutlich gestreckt (3).

→ Auf der Kante drückt man das Vorderrad nach unten und verlagert den Schwerpunkt nach hinten.

→ Das Bike wird in eine waagrechte Position zurückgebracht und die Landung erfolgt ohne Probleme (4).

EUROPEAN BIKE Academy

Weitere Infos zum Buch

Die European Bike Academy (EBA) ist eine Einrichtung für alle Bikebegeisterten. Das Know-how dieses Buches wurde aus den Erfahrungen der Autoren basierend auf einer bereits mehrjährigen Betreuung von vielen Radsportlern zusammengetragen. Besonders sind in diesem Buch die Fachkenntnisse des vierfachen Trial-Weltmeisters Marco Hösel und der ehemals sehr erfolgreichen Downhillerin Nathalie Phelps zu erwähnen.

Ein besonderer Dank für die umfangreiche Unterstützung gilt an dieser Stelle Dr. Wolfgang Stockhausen und Dr. Ansgar Schwirtz vom Institut Biomechanik am Medical Park Chiemsee für ihr umfangreiches Fachwissen, weiterhin folgenden Firmen: FCH Mediawerk GmbH, Villiger-Arrow, Myo Max, Schoberer Radmesstechnik, AGU-Sport, Time, Cratoni, Power Bar, Chiba, Smith Optics und dem Autohaus Christl München.

Die EBA bietet Einsteigern und Gesundheitssportlern ebenso viele Möglichkeiten der Beratung und der Betreuung wie dem ambitionierten Freizeitsportler und Profi. Ein kompetentes Team bestehend aus renommierten Sportmedizinern, Sportwissenschaftlern und Trainern bietet dem Einzelnen viele Informationen und Programme rund um das Erlebnis Radsport.

Weitere Informationen zu diesem Buch und zu Angeboten unter:

European Bike Academy
Seethal 49
83236 Übersee am Chiemsee
Tel.: +49-(0)8642-597675
Fax.:+49-(0)8642-597752
Email: office@europeansports.com
www.europeansports.com

IMPRESSUM

Die Deutsche Bibliothek –
CIP-Einheitsaufnahme

Ein Titeldatensatz für diese Publikation ist
bei Der Deutschen Bibliothek erhältlich

BLV Verlagsgesellschaft mbH
München Wien Zürich
80797 München

© 2001
BLV Verlagsgesellschaft mbH, München

Lektorat: Edith Ch. Kiel
Herstellung: Manfred Sinicki
Einbandgestaltung:
Parzhuber & Partner, München
Satz und Layout:
Parzhuber & Partner, München
Umschlagfotos: Herman Seidl
Druck und Bindung:
Boschdruck, Ergolding

Gedruckt auf chlorfrei gebleichtem Papier

Printed in Germany · ISBN 3-405-16247-5

Bildnachweis:
Alle Fotos von Herman Seidl
tirez @ gmx.net

Know-how rund um den Radsport

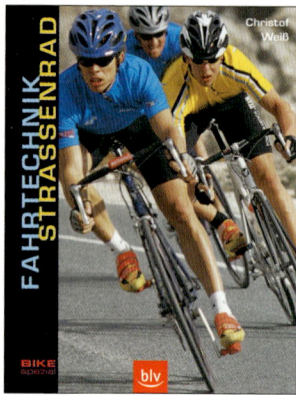

Christof Weiß
Fahrtechnik Straßenrad
Vor der ersten Ausfahrt: Material, Ausrüstung, Bekleidung usw.; Basics für Ausfahrten: Trettechnik, Fahren an Steigungen, Abfahrten, Kurventechnik; Fahrtechnik für Könner: Hinterradfahren, Fahren in der Gruppe.

BLV Sportpraxis Top
Peter Konopka
Richtig Rennradfahren
Für sportliche Tourenfahrer und passionierte Straßenfahrer: Ausrüstung, Radtypen, Zubehör, Fahrtechnik, Training, Verletzungen, Ernährung, sportgerechte Lebensweise.

Peter Konopka
Radsport
Radsport total – das komplette Know-how: das völlig aktualisierte Standardwerk mit neuesten wissenschaftlichen Erkenntnissen, neuen Fotos und Grafiken.

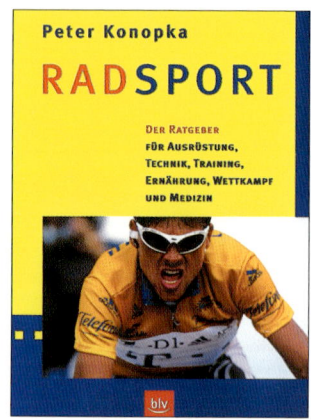

BLV Sportwissen
Wolfram Lindner
Radsporttraining
Alle Aspekte des Radsporttrainings nach neuesten Erkenntnissen der Sportwissenschaft: Trainingsmethodik, Leistungsdiagnostik, Ernährung, Biomechanik, Technik, Taktik, Regeneration, Doping uvm.

BLV Sportpraxis Top
Urs Gerig / Thomas Frischknecht
Richtig Mountainbiken
Alles über das Biken als idealer Fitness- und Gesundheitssport: Grundlagen, Ausrüstung, Fahrradtypen, Fahrtechnik, Training, Trainingspraxis, gesundheitliche Aspekte.

BLV Sportwissen
Peter Konopka
Sporternährung
Leistungsförderung durch vollwertige und bedarfsangepasste Ernährung: die wissenschaftlichen Grundlagen und die Bedeutung der Ernährung – anhand von Beispielen leicht verständlich dargestellt.

Im BLV Verlag finden Sie Bücher zu den Themen: Garten und Zimmerpflanzen • Natur • Heimtiere • Jagd und Angeln • Pferde und Reiten • Sport und Fitness • Wandern und Alpinismus • Essen und Trinken

Ausführliche Informationen erhalten Sie bei:

BLV Verlagsgesellschaft mbH • Postfach 40 03 20 • 80703 München
Tel. 089 / 127 05-0 • Fax 089 / 127 05-543 • http://www.blv.de